DISCOURS

ET

PROJET DE DÉCRET

SUR L'ÉDUCATION NATIONALE,

PRONONCES A LA CONVENTION NATIONALE,

Le 24 Décembre 1792, l'an premier de la République,

PAR HENRI BANCAL, Député du Département du Puy-de-Dôme.

CITOYENS,

TROUVER une bonne organisation de s *affemolees* & des *écoles élémentaires*, eft le problême le plus intéreffant à réfoudre pour le maintien de la liberté. Rabaut a développé le feul moyen que j'aye conçu (1), d'après une ongue méditation, de régénérer l'efpèce humaine, abrutie

---

(1) Voyez l'écrit du Nouvel ordre focial.

par la fuperftition & la féodalité ; & vous tranfportant dans les beaux fiècles de l'antiquité, il vous a fait un tableau, qui a élevé, qui a intéreffé vos ames. L'accueil que vous avez fait à fes propofitions, me fait bien penfer, bien efpérer de mon fiècle & de la repréfentation de la France. Il m'infpire la plus grande confiance pour le fuccès de nos délibérations, quand profcrivant enfin de cette Affemblée tout ce qui eft perfonnel, vous obéirez uniquement à la voix de la volonté nationale, & vous difcuterez férieufement les chofes.

C'eft fur une bonne éducation que doit repofer l'édifice républicain, que vous êtes chargés d'élever pour le bonheur des François. C'eft par l'éducation que l'homme civil eft efclave ou libre, fuperftitieux ou raifonnable, qu'il eft heureux ou malheureux. La France & l'Europe attendent la publication & l'établiffement de la vôtre pour vous juger, & pour réfoudre le problême de votre liberté.

Vous devez donc donner tous vos foins à bien organifer l'inftruction publique. Vous devez le faire promptement ; car vos ennemis extérieurs & intérieurs vous troublent, & vous menacent d'une guerre plus férieufe.

Vous devez une éducation commune à tous les Français, car tous font hommes & égaux en droits. Enfin votre ouvrage doit allier, avec la fimplicité de la nature, les befoins & les agrémens de la fociété. Il ne doit reffembler en rien à l'éducation de l'ancien régime. Il doit être exempt des préjugés & de la fuperftition qui ont fait le malheur des peuples. C'eft ici que vous devez montrer un grand caractère, & profitant des erreurs & des lumières des légiflateurs qui vous ont précédés, remplir avec dignité, avec fermeté, votre miffion.

Les connoiffances humaines, le choix de celles qui font propres à l'enfance, à l'adolefcence, & à l'homme ; la manière de les enfeigner à la génération naiffante, de

DISCOURS
ET
PROJET DE DÉCRET

SUR L'ÉDUCATION NATIONALE,

PRONONCÉS A LA CONVENTION NATIONALE,

Le 24 Décembre 1792, l'an premier de la République,

PAR HENRI BANCAL, Député du Département du Puy-de-Dôme ;

IMPRIMÉS PAR ORDRE DE LA CONVENTION NATIONALE, ET ENVOYÉS AUX 84 DÉPARTEMENS.

Les Nations modernes qui ont élevé tant de magnifiques temples à la superstition religieuse, tant de superbes palais aux superstitions royale & magistrale, ne feront-elles rien pour le peuple lui-même, quand, ressemblant à Paul & Virginie ou au jeune Achille, il fait l'ornement & l'espoir de la nature & du monde, ou lorsque semblable au plus grand Dieu de l'Olympe, il déploye dans ses assemblées & ses fêtes nationales sa majesté & sa souveraineté ?
Du nouvel Ordre social, pag. 34.

A PARIS,

DE L'IMPRIMERIE NATIONALE.

1792.

les propager pour la génération actuelle, & d'en faire le plus solide appui de la Conftitution, font des objets tellement liés avec elle, qu'on ne peut les envifager féparément fans courir le rifque de commettre des erreurs.

J'aurois donc defiré que votre comité d'Inftruction eût concerté avec celui de Conftitution, non pas les détails, mais les principes & les bafes de fon plan.

Et comme la divifion de la France pour l'éducation, que j'appelle *morale*, eft effentiellement liée avec la divifion des affemblées primaires, que j'appelle *politique*, je demanderai que les deux comités réunis concertent enfemble cette divifion, comme la bafe élémentaire & fondamentale de la République. Le fage légiflateur ne fépare pas le fyftême de la Conftitution de celui de l'éducation.

Le plan de votre comité d'inftruction m'a paru trop compliqué.

L'égalité n'y eft pas obfervée. Il veut quatre degrés d'enfeignement.

Je propofe de les réduire à deux ; favoir, 1°. Les *Écoles élémentaires*, où l'on apprendroit les droits & les devoirs de l'homme & du citoyen, & les élémens des arts & des fciences.

2°. Et les *Ecoles centrales*, qui feroient établies dans les chefs-lieux de chaque département, où la République entretiendroit des dépôts propres à perfectionner les fciences & les arts.

Un cabinet d'hiftoire naturelle.

Un cabinet de phyfique.

Une bibliothèque.

Un jardin des plantes.

Une imprimerie.

Des écoles de mathématiques, d'agriculture, d'hiftoire naturelle, de chimie & de chirurgie.

C'eft ce que le comité appelle *Lycée* ; mais ce mot eft

grec, & je préférerois celui d'*Ecoles centrales*, qui exprime mieux l'objet de l'institution.

Le comité ne donne que huit à neuf lycées à toute la France, répartis par régions, & attribués à neuf départemens.

Mais il ne doit pas être question de suivre les régions physiques dans ce qui doit être la base du système social. Il faut s'attacher aux régions & aux divisions politiques.

Or la France a quatre-vingt-quatre divisions remarquables, avant quatre-vingt-quatre chefs-lieux d'administration. Si l'on ne donne un *Lycée* ou *Ecole centrale* à chaque département, je vois l'égalité blessée.

Je vois neuf métropoles privilégiées dans les villes qui auront les neuf Lycées. L'avantage des lumières doit donner, à la longue, une plus grande prépondérance aux lieux qui en jouissent. C'est ainsi qu'en réunissant les établissemens d'instruction publique, plusieurs villes de l'intérieur, telles que Bourges, Orléans, Toulouse, Dijon, Poitiers, sont devenues très-considérables.

La population ne correspond pas à la grandeur de ces villes. C'est qu'elles eurent des universités & des académies célèbres dont la gloire s'est éclipsée ; c'est que depuis Louis XIV, la monarchie s'étant précipitée vers le despotisme, Paris, comme une immense planète, a tout attiré, & tout englouti.

Les grandes villes ont été des asiles des sciences & des arts. C'est dans leur sein que la philosophie a forgé les foudres qui ont renversé les trônes de la tyrannie & de la superstition.

Leurs richesses, leurs lumières & leurs services dans la révolution, leur assurent à jamais & une grande influence & une grande reconnoissance de la part des Français. Telle est la force naturelle des choses.

Vous ne devez pas, par votre système d'éducation, augmenter cette influence privilégiée.

Vous devez au contraire établir l'équilibre & la diffusion égale des lumières, indifpenfables pour maintenir l'égalité politique. L'égalité dans toutes les inftitutions que vous allez faire, doit être votre but principal. Vous trahiriez vos fermens & votre devoir le plus facré, fi vous la perdiez un feul inftant de vue. Dans votre République, la loi a fupprimé toutes les diftinctions de la fotte vanité ; mais elle reconnoît avec raifon celles des lumières, des talens & des fervices que les citoyens & les cités peuvent rendre à la patrie.

Or, fi vous ne donnez des *Ecoles centrales*, où l'on puiffe apprendre ce qu'on appelle les hautes fciences, qu'à neuf départemens, il eft évident que les foixante-quinze qui en feront privés, n'auront pas autant de facilité que les autres pour la culture des hommes. S'ils veulent profiter des établiffemens des autres départemens, il faudra qu'ils faffent plus de dépenfe pour les aller chercher ; ce qui eft mettre fur eux une contribution indirecte, & rompre l'égalité d'intérêt comme celle des lumières.

Si je voulois vous faire ici une hiftoire morale & politique des connoiffances humaines, je vous dévoilerois une grande vérité qui ne fut point apperçue par Rouffeau, lorfqu'il s'éleva fi éloquemment, mais fi injuftement, contre les fciences. Je vous prouverois que ce n'eft point à ces fil'es du ciel qu'il faut attribuer le luxe. & la corruption des mœurs, qu'on a vus dans tous les fiècles éclairés, & dans les pays les plus civilifés. Car, dans tous les pays aucune claffe n'a des goûts fi fimples que celle des citoyens de la république des lettres. Je vous démontrerois que cette corruption eft due à cette claffe d'hommes, qui, pour tromper & opprimer les peuples, ont mêlé les idées du ciel avec celles de la terre, & empoifonné la raifon humaine & univerfelle de leurs funeftes fuperftitions.

La fauffeté de l'efprit amène la dépravation du cœur. Or jamais, chez aucun peuple, le fyftême religieux ne fut féparé du fyftême politique ; la fuperftition empoifonna toujours la morale ; & fucée par l'homme dès le berceau, elle mit dans les fociétés humaines cette contradiction déteftable qui , plaçant l'homme civil entre fes devoirs envers la divinité & fes devoirs envers le monde, l'a toujours empêché de bien remplir aucun des deux. Ainfi l'homme a paru un être double ; ainfi le culte de la loi n'a jamais pu s'établir fur la terre.

Plus on a cultivé dans une ville les connoiffances humaines, plus auffi les prêtres ont fait des efforts en faveur de la fuperftition.

Je vous montrerois, de nos jours, en Angleterre, Cambridge dont la population n'eft guères que de dix mille ames, ayant quatorze colléges & un auffi grand nombre d'églifes.

Je vous ferois obferver le même phénomène parmi nous & chez prefque tous les peuples de l'antiquité.

Enfin, je trouverois une grande caufe de la corruption des mœurs de la plus grande partie des peuples de l'Europe, dans le célibat & les débauches des prêtres. Je montrerois l'éducation confiée par-tout à ces hommes, affectant le mépris pour les biens de ce monde, & afin de s'en emparer, infpirant de bonne heure ce mépris à leurs élèves.

Le comité a donc fait fagement, en excluant les prêtres des fonctions fublimes & pures de l'éducation publique. Et je demande que vous adoptiez cette exclufion ; car les prêtres forment une claffe privilégiée , & une claffe privilégiée ne fauroit donner à la jeuneffe les principes de l'égalité. Les adorateurs d'un dieu colère & partial, ne fauroient enfeigner le culte impartial de la loi.

L'hiftoire attefte par-tout , que les corporations eccléfiaftiques ont avili & dégradé l'efpèce humaine. L'orgueil, l'avarice, l'ambition font leurs véritables dieux ; & des légiflateurs ne doivent jamais oublier le temps où en France

(9)

tout étoit gouverné par le clergé, le temps où il exerçoit une jurifdiction entière, & fur les perfonnes & fur les biens.

Maintenant je déduis des faits de l'hiftoire, cette conféquence que le privilège des lumières eft de tous le plus dangereux, & que vous établiriez ce privilège, fi vous favorifiez un département plus que l'autre dans l'inftitution que vous allez former.

Par-tout où il y a un point central d'adminiftration, je penfe qu'il doit y avoir auffi un point central d'éducation. Sans cela je vois la funefte inégalité s'établir dans la politique, comme dans la morale.

Je vois dans 8 à 9 départemens les citoyens plus cultivés, fe réunir par un fentiment involontaire, mais inévitable. Car le talent aime à s'allier avec le talent. Je les vois former un faifceau de lumières, une coalition qui peut agir dans les Affemblées nationales & devenir funefte à l'égalité & à la liberté.

La vie-morale appartient à tous les départemens, comme *l'exiftence phyfique.* Dans tous, la nature donne quelques productions propres à la nourriture de l'homme ; & lorfque ces productions ne font pas fuffifantes, elle y fupplée par l'induftrie, qui eft la fondatrice & le foutien de la fociété.

Tous les départemens ont donc un droit égal aux fciences & aux arts, qui font un des plus grands moyens de favorifer l'induftrie, & de la perfectionner.

Je dis donc : ou fupprimez vos Lycées, ou donnez-en un à chaque département. Mais je fuis loin d'en demander la fuppreffion ; & prenant un moyen terme entre le projet du comité & celui de Durand Maillane, je penfe que le premier, en établiffant des corporations, ramèneroit en peu de temps l'ariftocratie politique avec celle des lumières, & que le fecond nous conduiroit à grands pas à l'ignorance & à la barbarie des fiècles paffés.

Dans le monde moral comme dans le monde phyfique, tout eft lié par des principes & des élémens dont
on ne peut interrompre la chaîne fans caufer un défordre
général.

Les arts agréables font auffi néceffaires à la confervation
& à la perfection des fciences & des arts utiles que le dé-
laffement eft indifpenfable à l'homme après le travail. Et
cette loi de la nature qui eft commune à toute l'efpèce,
eft une loi fondamentale des Républiques. Celles dont
nous admirons le plus les inftitutions, honorèrent & prati-
quèrent les arts agréables qui faifoient l'ornement des fêtes
nationales.

Ces arts ne dégénérèrent & ne devinrent funeftes aux
mœurs & à la liberté que lorfque les rois de la terre, & à
leur exemple, de riches citoyens, fe mettant à l'égal des
dieux, firent conftruire des palais, qui rivalifèrent la ma-
gnificence des temples; & qu'ils introduifirent dans ces
nouveaux olympes, la pompe, le luxe & les ouvrages des
arts, qui n'étoient deftinés qu'aux immortels. Alors le génie
des ftatuaires & des peintres fut affoibli; & l'on vît rare-
ment fortir de leurs mains ces belles formes & ces chefs-
d'œuvres qui ont illuftré l'antiquité.

Vous devez inftituer des *fêtes nationales*; car c'eft dans
ces jours d'alégreffe commune que l'homme apprend à
aimer fon femblable, & le citoyen fa patrie. C'eft dans
ces grands jours qui font une impreffion falutaire & durable
fur les jeunes cœurs des enfans, que les fciences & les
arts doivent payer, à la patrie, le tribut de tous les foins
qu'elle a pris pour leur culture. Si vous n'avez que neuf
points généraux de ralliement pour l'éducation fupérieure;
vous aurez dans certains départemens, des fêtes où l'on
verra briller tout ce que les talens peuvent produire de plus
délicieux. Dans le plus grand nombre on verra des productions médiocres, & cette différence fera rechercher les

ns & déferter les autres ; & cette inégalité fera votre ouvrage. Il fera l effet de vos mauvaifes lois.

Ce n'eft pas qu'il foit poffible d'efpérer que les hommes
fupérieurs exifteront en nombre égal , & en égal mérite dans
tous les départemens. Car la nature eft bizarre & avare ;
& d'ailleurs le génie doit fouvent beaucoup aux circonf-
tances dans lefquelles il s'eft trouvé.

Mais au moins cette inégale répartition ne doit pas être
l'ouvrage de la loi. Répandez fur toute la terre des Francs
les mêmes avantages, & laiffez enfuite agir la nature & le
génie , qui ne veulent pas être emprifonrés dans des corporations académiques , & qui ne demandent qu'à trouver
fecours & fraternité.

Toutes les corporations tendent à l'ariftocratie. On l'a
vu pénétrer jufque dans le temple des mufes, & dans la
république des lettres , quand on a voulu les régle-
menter.

Peuples qui voulez être libres , encouragez les lettres, les
arts & les fciences ; mais que la liberté faffe aux individus
ifolés, qui ofent dire la vérité, le bien que le defpotifme
faifoit à des corps pour provoquer leur adulation.

Les grands hommes ne veulent point d'entraves d'aucune
efpèce , pas même celles de la reconnoiffance. Ils n'ont
d'autres maîtres que la nature & le monde : ils s'élèvent
d'eux-mêmes ; ils s'élèvent même malgré la tyrannie, l'in-
quifition & l'injuftice des hommes, comme le foleil perce
tous les nuages pour éclairer la nature. Rouffeau ne fut
d'aucune académie, & fon génie en a fondé une , où font
infcrits maintenant tous les amis de la vérité & de la liberté.
Il fût errant, profcrit, perfécuté ; il vécut & mourut
pauvre , & fes ouvrages ont enrichi & affranchi le
monde.

Suivez pour l'éducation la marche fimple qu'il a indi-
quée. Il a découvert un principe qui doit être la règle de

tous ceux qui feront appelés à fonder des républiques. Il veut que l'éducation foit dans les premières années, plutôt *négative* que *pofitive*. Il recommande fur-tout avec Montaigne & Locke, les exercices de la *Gymnaflique* qui donnèrent aux anciens peuples la vigueur d'efprit & de corps, qui fut la fource de tant de vertus & d'actions héroïques : c'eft avec des jeux & des fêtes qu'il rend fes élèves hommes & citoyens.

Honorez ce génie bienfaifant après fa mort, autant qu'il fût perfécuté pendant fa vie.

Comme lui, chériffez l'enfance : faites tout pour empêcher les vices d'entrer dans fon cœur. Il n'a ceffé de répéter ce précepte.

Prenez donc des précautions pour garantir tout au moins la génération naiffante des rêveries & des fuperftitions des prêtres. Elles ont fait à la nature humaine une plaie qu'il eft de votre devoir de fermer.

Si par une efpèce d'effort magique il étoit poffible de faire difparoître tout-à-coup ces rêveries du fol de la liberté, vos nouvelles lois & votre éducation nouvelles feroient bientôt établies.

Mais il n'y a que la fuperftition qui faffe des miracles. Vous ne voulez employer que l'inftrument fûr, mais lent de la raifon.

Or, fi vous reftreignez dans un trop petit cercle, l'enfeignement dans les écoles élémentaires ; fi vous favorifez d'une éducation plus relevée les villes où il y a toujours plus de lumières que dans les campagnes ; fi vous négligés les habitans de ces campagnes, qui forment la grande majorité de la population, & où la fuperftition a, pour ainfi dire, établi fon trône ; fi, fur-tout, ne donnant, comme l'a propofé le comité, que de modiques falaires aux inftituteurs, vous ne remplacez les maîtres d'écoles actuels que par d'autres maîtres d'écoles, qui n'auront pas plus de lumières, de mœurs et de patriotifme que les premiers, votre éducation confiée à des mains impures, in-habiles & mercénaires, sera étouffée dans son berceau, par le monstre infernal de la superstition. Sachez que ce monstre qui, comme celui du despotisme & son compagnon inséparable, cache maintenant sa tête hideuse, ne cessera de vous observer, & de faire des efforts secrets pour renverser votre ouvrage & ramener le règne de sa domination, & celui de la tyrannie d'un seul.

Et les Français, après avoir fait tant de sacrifices pour conquérir leur liberté, seroient conduits par la superstition à reprendre leurs chaînes. Comment seroit-il possible de les rompre ? elles auroient été rivées de nouveau dans le ciel.

Il est de votre devoir de prévenir ce malheur qui, en nous replongeant dans l'esclavage, anéantiroit l'espoir des nations. L'habile jardinier ne borne pas ses soins à semer des plantes, il sonde & prépare le sol; il le met à l'abri des injures du temps & des hommes; il protège & garantit par sa présence continuelle, le lieu où il les a placées; il n'épargne ni soins, ni temps, ni argent pour recueillir de bons fruits.

C'est ainsi que vous devez faire ; vous ne devez rien négliger, rien épargner pour l'éducation. Vous devez considérer sur - tout cette *grande majorité* d'êtres sociables, répandus dans les campagnes, & pour l'éducation desquels jusqu'ici les gouvernemens n'ont rien fait. C'est ici que vous devez obéir à la loi de la *volonté générale*, telle que l'exprimeroit la majorité des citoyens français ; car c'est cette majorité qui paie la portion la plus considérable des contributions, & qui par conséquent a un droit proportionnel à une bonne éducation publique.

Je demande donc que toutes les dépenses que votre comité vous propose pour les écoles secondaires & les instituts, soient reversées sur les *écoles élémentaires* & sur les *écoles centrales*, mais principalement sur les premières.

Ces deux degrés me paroiſſent ſuffiſans pour la culture des connoiſſances humaines, & les porter à leur plus grande perfection.

Je conçois qu'il n'eſt pas poſſible de tout enſeigner dans les écoles élémentaires ; mais je demande qu'au moins on puiſſe y trouver les premiers élémens des arts & des ſciences.

Cette première inſtruction doit être comme la ſonde de l'eſprit humain. Tout citoyen qui naît dans une république doit être appelé, & par la loi, & par l'éducation, à remplir les poſtes les plus élevés, & à reculer, même par des ouvrages, les bornes de l'entendement humain. Combien de génies ſont morts ignorés dans leur village, faute d'avoir reçu de l'éducation ! Donnez à tous les citoyens une culture ſuffiſante pour qu'ils puiſſent développer d'eux-mêmes les diſpoſitions que leur donna la nature, & vous augmenterez le nombre des hommes qu'elle deſtina à être utiles à leur patrie & au monde. La France eſt un des pays les plus propres à la culture de l'eſprit humain ; & ſi vous lui donnez l'eſſor qu'il doit avoir dans une république, la vôtre peut atteindre à un degré de perfection & de proſpérité, inconnu des peuples anciens & modernes.

Vous demandez des livres élémentaires, & avec grande raiſon, pour inſtruire la jeuneſſe. Vous devez encourager par des récompenſes honorables tous ceux qui vous feront le préſent le plus précieux qu'on puiſſe faire à l'homme, des ouvrages dégagés du poiſon de la ſuperſtition.

Et, en attendant que la révolution & l'amour de la patrie ayent produit ces fruits précieux, ordonnez à vos inſtituteurs d'apprendre à l'enfance la morale, dans les livres de ce génie extraordinaire, véritable fondateur de l'ère nouvelle, ouverte par la France en 1789.

Mettez de la ſimplicité dans toutes vos inſtitutions ; ne compliquez pas l'éducation publique, comme l'aſſemblée conſtituante fit de l'ordre appelé judiciaire ; ne multipliez pas les degrés fans néceffité. Ce n'eft pas ainfi que marche la nature , qui eft une , grande & fimple dans fes ou-vrages.

Sur-tout ne jettez point de pommes de difcorde entre les départemens , en favorifant les uns , & déshéritant les autres. Ne troublez pas , ne rompez pas la *douce fraternité ;* elle eft la pierre angulaite de la république. N'obligez pas les citoyens à aller chercher hors de leurs départemens, tout ce qui eft néceffaire pour perfectionner leur éducation ; car c'eft une chofe naturelle d'aimer à trouver le bonheur près de foi.

N'imitez pas le defpotifme qui favorife les villes aux dépens des campagnes. Soyez juftes envers tous les Français , fi vous voulez que le lien qui les unit , foit folide & durable. Etabliffez en tout l'égalité , fi vous voulez établir la République.

Rappelez - vous cette foule de réclametions , cette quantité de députations que reçut l'affemblée confti-tuante lors de la divifion de la France ; les débats auxquels elle donna lieu , débats où fouvent chaque député ftipula bien plus l'intérêt particulier de fa ville , que l'intérêt général de l'état. L'expérience a prouvé que ce font ces vues particulières qui ont tant multiplié les rouages de la machine politique ; qui ont fait créer une foule de tribunaux & d'adminiftrations de diftricts , dont ont reconnoît aujourd'hui l'inutilité.

Les mêmes prétentions , les mêmes débats fe renouvelleront , fi , compliquant votre plan d'éducation , vous créez des écoles fecondaires & des inftituts. Vous verrez les cantons , les villes , les députés , fe difputer ces établiffe-mens ; il feront une fouree éternelle de jaloufies & de diffentions.

Adoptez le plan que je vous propofe ; ayez feulement des écoles élémentaires & des lycées ; & la répartition des établiffemens eft facile , parce qu'elle fera la même pour tous les départemens, & vous maintenez l'égalité & l'union dans la République.

Le légiflateur doit généralifer fes vues, & élever fon ame au-deflus de toutes les paflions privées. Il doit ftatuer fur tous & pour le plus grand bonheur de tous ; il ne voit jamais féparément les individus & les villes, mais toujours collectivement les citoyens qui compofent la grande cité de l'état.

Il doit voir fur-tout, dans un pays agricole, cette grande majorité des citoyens répandus dans les campagnes, que le defpotifme regardoit comme des animaux, condamnés à un travail éternel de corps, & dont l'ame doit être relevée par le génie de la liberté. Il le doit, & pour l'honneur de la nature humaine, & pour favorifer l'agriculture, qui eft la fource de la profpérité de la République.

Je réclame donc encore ici la loi de l'égalité pour une équitable répartition des inftituteurs éclairés & patriotes.

Si vous créez des écoles fecondaires & des inftituts, quand vous n'y attacheriez pas des émolumens plus forts que ceux des écoles élémentaires, foyez aflurés que, fuivant une impulfion naturelle au cœur humain, les hommes à talens rechercheront au moins dans l'origine de l'inftition, plutôt les écoles fecondaires & les inftituts. Ils les rechercheront, & pour flatter leur vanité, & pour fatisfaire leur intérêt ; & un goût qui, j'efpère, changera, mais qui eft maintenant prefque général, le goût de vivre à la ville. Ainfi il ne vous reftera, pour les écoles élémentaires, que des fujets médiocres.

Voulez-vous établir le règne de la liberté & de l'égalité ; répandez également fur tout le territoire de la France, les talens & les bonnes mœurs. N'épargnez rien pour faire renaître dans les cœurs des citoyens, avec *l'amour de la patrie*, celui de la *vie champêtre*. Honorez tellement les places d'*inftituteurs élémentaires*, qu'on puiffe voir fréquemment

quemment des hommes de mérite , après s'être rendus utiles à la patrie, & s'être couverts de gloire dans les lycées, céder à la touchante voix de la nature , & quitter les villes pour se fixer dans les campagnes. Jamais les Romains ne furent si grands & si vertueux, que lorsque leurs hommes d'état manioient tour-à-tour la charrue , l'épée & le consulat. *Qui de nous* ne s'est pas rappelé mille fois , au milieu du tumulte du monde , les douces impressions de son enfance ? Qui n'a pas gémi sur les soucis , les vices & les crimes des villes ? Qui n'a pas désiré ardemment de revoir l'humble toit , & le lieu champêtre où il fut élevé , & d'y couler la vie innocente & paisible à laquelle nous destina la nature ?

Honorez & récompensez dignement les *instituteurs élémentaires*, & vous créez autant de dieux bienfaisans qui embelliront & enrichiront les campagnes . & de talens, & de vertus ; & l'on y trouvera des sociétés qui allieront la simplicité de la nature , avec le bon goût du monde. Ce bon goût ne sera plus le partage exclusif des grandes villes , & vous aurez résolu le problême le plus intéressant pour le bonheur de l'homme.

Dans nos temps modernes , la vanité insultante des nobles, la misère des cultivateurs , la grossièreté & l'injustice qui les suivent , avoient fait déserter les campagnes ; on venoit en foule dans les villes , chercher des privilèges, & ce qu'on appeloit la bonne société ; on en prenoit le ton & les vices , & les mœurs générales étoient devenues détestables.

Cependant la voix de la nature , plus puissante que celle de la société , rappeloit quelquefois à la campagne , un petit nombre d'hommes sensibles , fatigués des plaisirs bruyans & si souvent amers de la ville.

Quelle heureuse révolution vous opérerez , si votre *institution élémentaire* est assez bonne pour peupler les campagnes de citoyens éclairés & vertueux qui porteront

les arts utiles & les arts agréables jufques dans les ha-
meaux & les lieux les pius déferts!

N'avez - vous pas quelquefois été touchés jufqu'aux
larmes, lorfque, vous promenant dans des bois folitaires,
vous avez tout-à-coup entendu au loin les fons de quelque
inftrument de mufique, ou des voix chantant à l'uniffon ?
Vous avez été agréablement furpris, lorfque, parcourant
les demeures des villageois, vous avez rencontré un homme
de bon fens & de bon goût, connoiffant & appréciant le
monde, & cultivant dans la folitude la nature & fa raifon.
Qui n'envieroit pas le bonheur de ce philofophe ?

Donnez aux campagnes des *inftituteurs élémentaires*,
dignes de la nature & de la liberté ; donnez-leur un traitement fuffifant pour vivre avec une famille, & vous multi-
plierez dans la république le nombre de ces hommes précieux, & bientôt vous verrez les préjugés des villageois
difparoître; la propreté anglaife s'introduire dans leurs habitations, & y maintenir la fanté, la beauté, la bonté & la
force ; vous verrez l'agriculture profpérer avec les lumières
& les bonnes mœurs, & toute la terre des *Francs* prendre
une face plus riante.

Une multitude de citoyens qui traînent à préfent une
exiftence mal - aifée dans les villes, retourneront à la
campagne ; ils y trouveront l'aifance & le bonheur ; ils ré-
pandront ces biens autour d'eux.

Il feroit à defirer, pour rendre la fraternité des Français
plus parfaite, que, femblable à Philadelphie, & à quelques
villes de France & du Brabant, toute la terre de la République ne préfentât qu'une feule ville dont les habitations
feroient féparées & embellies par des jardins.

L'efpèce humaine entaffée dans les villes, y dégénère ra-
pidement ; elle eft inceffamment renouvelée par les campagnes ; & ce feroit un projet bien abfurde, que celui de
tenter d'exciter une jaloufie funefte entre les villes & les
campagnes, entre Paris & les départemens.

Paris n'eſt-il pas le réſultat de toutes les contrées de la France, & tous ceux qui ſiègent dans cette aſſemblée, ne voient-ils pas, dans cette grande ville, des parens, des frères & des amis?

Cependant, il faut l'avouer, nous avons un trop grand nombre de villes, de palais, d'artiſans, & d'égliſes ; nous manquons de chaumières & de laboureurs.

Les ſyſtêmes deſtructeurs de la ſuperſtition & de la féodalité pèſent encore ſur la France. Dans les temps d'ignorance & de barbarie, les guerres civiles féodales perpétuant l'effroi dans le cœur des habitans des campagnes, les forcèrent de conſtruire, de murer & de fortifier des villes & des bourgs. Les vexations & les maux horribles de ce ſyſtême devenu univerſel en Europe, firent déſerter les campagnes, où des brigands féodaux, dignes ancêtres des nobles de nos jours, attaquoient & faiſoient contribuer arbitrairement les citoyens. Le peuple excédé eut recours aux rois, qui, pour augmenter leur puiſſance, accordèrent aux villes leur protection, des chartes & des privilèges, moyennant des rétributions.

La féodalité eſt abolie. La ſûreté & l'égalité ſont établies ſur toute la ſurface de la République.

La révolution doit nous ramener à la nature & à l'agriculture. Et le légiſlateur manqueroit ſon but, s'il ne favoriſoit pas ce penchant invincible, ſource de toute proſpérité dans un pays agricole : diſons-le avec courage.

Si nos lois nouvelles ſont bonnes, beaucoup de villes de l'intérieur doivent ſe fondre dans les campagnes.

Déja, dans pluſieurs, une partie de leurs habitans devenus ſages par les principes de la révolution, tournent leurs regards vers le premier & le plus doux aſyle de l'homme.

Ils n'attendent pour en prendre poſſeſſion, que la publication & l'établiſſement des inſtitutions nouvelles.

Hâtez-vous donc de les former. Que ce ſoit le premier travail qui ſorte de votre Aſſemblée.

Si vous voulez que vos inſtitutions ſoient bonnes & durables, imitez le ſage Mentor réformant Salente, & appelant à la culture des terres, les ouvriers qui ſurchargeoient la ville. Préparez dès à-préſent des travaux & des récompenſes aux enfans & aux généreux défenſeurs de la patrie, lorſqu'ils reviendront dans ſon ſein. Que leurs mains triomphantes élèvent les *temples*, que je propoſe, à la liberté qu'ils auront conquiſe. Qu'ils faſſent une autre conquête non-moins glorieuſe, celle de nos *terres incultes*; qu'aidés par la nation, ils puiſſent y trouver le bonheur d'une famille, & pour leurs enfans, l'éducation qui convient à des républicains.

J'oſe vous le prédire, citoyens, ſi vous n'établiſſez promptement l'éducation, vous perdrez la liberté & la république. D'où viennent nos diſſentimens, & nos diſſentions le trouble de nos aſſemblées politiques, & les dangers de la patrie? du défaut d'éducation ou d'une éducation vicieuſe. Vous cherchez bien loin la cauſe des maux qui nous affligent. Comment ne voyez-vous pas qu'elle eſt dans ce vice fondamental qui ronge le corps politique.

Si nous étions bien élevés, le riche dédaigneroit-il le pauvre? Si nous étions bien élevés, verrions-nous les ſcènes qui ſe reproduiſent chaque jour dans nos aſſemblées politiques? L'homme qui a reçu de l'éducation, l'homme vraiment libre, ſe reſpecte & reſpecte ſon ſemblable; il reſpecte ſur-tout la majeſté du peuple dont il balance les intérêts & les droits.

Celui qui veut ſans ceſſe parler, qui interrompt ſans ceſſe, qui dit des injures à ceux qui ne ſont pas de ſon opinion, reſſemble à un enfant mal élevé & méchant, qui ſe dépite à tous propos, ou à un homme dépravé qui a oublié ſon éducation, ou l'a perdue dans de mauvais lieux.

Voilà la cauſe qui met les Français aux priſes les uns avec les autres, & qui tend à les détruire avant qu'ils aient pu ſe donner des lois.

Les excès des passions sont des signes certains de foiblesse.

La fièvre & le délire conduisent à l'épuisement. Il n'y a que l'homme bon & sage qui soit fort.

Celui-là seul est invincible & peut vaincre les autres, qui sait se vaincre lui-même.

Donnez à la France & à l'Europe le spectacle de gravité & de dignité qui convient à l'Assemblée représentative d'un grand peuple, à la première Assemblée de l'univers; & les tyrans mettront bas les armes, & les peuples voudront être régis par vos principes & vos lois.

Mais ce sont ces mêmes tyrans qui fomentent au milieu de vous les passions & les discordes, qui les servent mieux que des armées victorieuses.

C'est parcequ'ils ont l'espoir de vous diviser, qu'ils se préparent à vous faire au printemps une guerre formidable. Car dans cette première campagne, les Français ont marché de triomphe en triomphe, & ont prouvé à l'univers, par la discipline & le courage, qu'ils étoient dignes de la liberté.

Pourquoi ces tyrans ont-ils donc tant d'audace ? C'est que vous n'avez pas encore établi l'éducation publique. C'est qu'il y a des imposteurs & des charlatans qui trompent, & des hommes crédules qui sont trompés. C'est parce que la majorité des citoyens français croit encore aux rêveries du dixième siècle.

Citoyens-législateurs, le système d'éducation que vous voulez établir, est une véritable déclaration de guerre à l'imposture & à la superstition qui gouvernent encore le monde, qui se nourrissent de l'ignorance & de la crédulité des peuples, & qui, à la honte de l'humanité, ont trouvé des défenseurs dans cette Assemblée. Je ne craindrai pas de le dire : le plus grand nombre de vos ennemis, volontaires ou involontaires, est dans les campagnes. C'est là qu'est le plus grand nombre des citoyens qui sont leurs victimes : c'eſt donc là que vous devez porter vos meilleures troupes, & vos meilleurs généraux. Il eſt bon que les dépôts des arts & des ſciences ſoient conſervés dans les chefs-lieux de département, comme d'éternels arſenaux, où ſe forgeront des armes contre le menſonge; mais c'eſt dans les campagnes que vous devez voir le jeu & l'effet de vos canons.

On a demandé pluſieurs fois dans cette aſſemblée ſi les temps étoient mûrs pour délivrer entièrement les peuples du joug de la ſuperſtition.

On a enſuite mis en queſtion ſi l'on continueroit le traitement des miniſtres du culte catholique.

Enfin, on a été juſqu'à profeſſer dans cette tribune des opinions ſur la religion.

L'Aſſemblée conſtituante fit un pas immenſe en décrétant la liberté religieuſe. Elle rétrograda de pluſieurs ſiècles en faiſant une conſtitution civile du clergé. On ne vit jamais une ſi funeſte contradiction dans les lois d'aucun autre peuple.

Je conçois le bien que peut faire aux hommes ſimples de nos campagnes, un bon curé philoſophe, qui, loin de piller ſes voiſins, leur donne des ſecours & des conſeils. C'eſt un miniſtre de conſolation, de conciliation & de juſtice. Mais que ſait au peuple la conſtitution civile du clergé? L'Aſſemblée conſtituante, envoyée pour s'occuper d'objets temporels, avoit-elle droit de conſtituer un corps eccléſiaſtique? Et dans quel endroit de l'évangile ſe trouve cette conſtitution?

La ſuperſtition de la royauté eſt détruite. Nous avons renverſé notre première conſtitution politique, & nous laiſſons ſubſiſter celle du clergé. Nous croyons avoir détruit la plus dangereuſe des corporations, & nous l'avons rétablie conſtitutionnellement.

C'eſt une opinion générale en France que vous pouvez, que vous devez rapporter la conſtitution civile du clergé,

Car, la nation ne reconnoît plus de clergé; elle ne voit dans tous les miniſtres du culte que des officiers de morale ſoumis en tout aux lois de la République.

.. Cependant un excès de patriotiſme, manifeſté dans cette Aſſemblée, a jeté l'alarme dans le cœur des miniſtres du culte, qui tiennent encore dans leurs mains les conſciences des ſimples. C'étoit vouloir imiter le prêtre lui - même qui recueilloit ſans avoir ſemé.

Cette marche n'étoit pas bonne pour arriver à une parfaite liberté religieuſe. Je dirai franchement celle que j'imagine, pour établir cette liberté ſans convulſion, & même ſans faire répandre une larme. Car tous les hommes ſont vos frères, quels que ſoient leur croyance & leur culte; & vous devez être avares & de leurs larmes & de leur ſang.

Soyez juſtes envers ceux qui ont exercé une fonction quelconque ſous *la foi nationale*; aſſurez-leur pendant leur vie, comme créanciers de l'etat, le ſort dont ils jouiſſent à-préſent comme miniſtres d'un culte, ſous la condition, toute-fois qu'ils ne troubleront pas votre République, & qu'ils n'enſeigneront rien de contraire aux lois. Décrétez contre les perturbateurs la peine de la deſtitution, & même celle de la déportation : vous en avez le droit ; car tout, dans l'état, doit ſubir la loi commune ; il n'y a plus de privilèges.

Rapportez en même-temps la conſtitution civile du clergé. Elle eſt en contradiction formelle avec la déclaration des droits, & avec la révolution du 10 août, qui a briſé les chaînes de la ſuperſtition & de la royauté.

Déclarez enſuite, comme l'Aſſemblée conſtituante, cet article fondamental, que les citoyens ont le droit de choiſir les miniſtres de leur culte. Décrétez que tous ceux qui viendront à mourir ſeront remplacés librement par les citoyens qui voudront les employer.

.. Déclarez enfin qu'aucune puiſſance ſur la terre n'a le

droit de ſtatuer ſur ce qui concerne une autre vie , &
que les conſciences & les cultes ſont libres.

Le fanatiſme le plus violent ne ſauroit critiquer ces
meſures ; elles concilient la vérité que vous devez à la
Nation , & la juſtice qu'elle ne peut refuſer à des hommes,
avec les égards qui ſont dus à la vieilleſſe & à l'humanité
foible & mal inſtruite.

Citoyens , j'indique ici la marche ; mais je ne vous
propoſe pas de rien précipiter. La morale n'entre point
à main armée dans le cœur de l'homme. Ce n'eſt point
à main armée qu'on peut faire ſortir de ſon eſprit le
démon de la ſuperſtition. Mais vous devez avoir le courage de déclarer, de proclamer la vérité. Le peuple ſera
le maître de l'adopter ou de la rejeter. Votre devoir eſt
de la dire. Ce n'eſt pas le défaut de lumières, c'eſt la
foibleſſe qui perd les légiſlateurs. Leur fermeté ſeule peut
en impoſer & aux fourbes & aux traîtres, & à tous les
ennemis du dedans & du dehors.

Au ſurplus, je ne penſe pas que nous devions jeter,
du haut de cette tribune, nos opinions ſur la religion.
Qui peut ſe vanter d'avoir trouvé la vérité ſur ce ſujet?
On diſpute depuis le commencement du monde, & on
diſpute en vain. Nous n'avons pas été envoyés pour rai-
ſonner ſur une autre vie, mais pour faire dans celle-ci
tout le bien dont nous ſommes capables. Nous avons été
envoyés pour conſacrer à la patrie tous les momens de
notre miſſion paſſagère & courte, & pour faire une Conſtitution ſociale, où le méchant trouve ſa punition, & le
bon ſa récompenſe. Il y a encore des ames ſimples que
nos opinions religieuſes peuvent troubler, des peuples
qu'elles peuvent aliéner.

Donnons ici les premiers l'exemple du reſpect qui eſt
dû à la liberté religieuſe. Sans elle il n'y a point de paix
à eſpérer parmi les hommes. Quand elle ſera parfaitement
pratiquée en France, une multitude d'étrangers viendront
y chercher un aſyle.

C'eſt à votre éducation élémentaire à opérer cette révolution. Qu'elle ſoit bonne, & les efforts du fanatiſme feront impuiſſans pour faire couler encore le ſang des Français. La ſuperſtition ne tiendra pas long-temps devant la raiſon.

Je propoſe le projet de décret ſuivant.

PROJET DE DÉCRET.

La Convention nationale, conſidérant que les aſſemblées & les écoles élémentaires ſont les baſes de l'état civil ; que la liberté & le bonheur du peuple ne peuvent être bien aſſurés que par une bonne éducation, & que tous les Français étant frères & égaux en droits, cette éducation doit être égale pour tous, décrète ce qui ſuit :

ARTICLE PREMIER.

Les degrés de l'inſtruction publique ſont fixés à deux ; ſavoir les Écoles élémentaires & les Ecoles centrales.

I I.

Il y aura une école élémentaire dans chaque municipalité de la République. Le nombre en ſera augmenté, & proportionné à la population. On y enſeignera les premiers élémens des ſciences & des arts.

I I I.

Il y aura une École centrale dans chaque chef-lieu de département, où feront formés & conſervés des dépôts pour la culture des arts & des ſciences.

I V.

Pour faire participer tous les citoyens à l'inſtruction des Écoles centrales, il ſera choiſi, tous les ans, ſuivant le mode qui fera déterminé, un certain nombre de jeunes citoyens des Écoles élémentaires, qui porteront le nom d'élèves de la patrie.

V.

Ces élèves feront entretenus, aux frais de la nation, dans l'École centrale du département pendant cinq années.

V I.

Il ne fera enfeigné dans ces écoles aucune des connoiffances ayant trait à une autre vie. Le fyftême moral & politique eft entièrement féparé du fyftême religieux.

V I I.

Le culte de la loi étant le feul fur lequel les hommes réunis en fociété puiffent *s'accorder*, parce que la loi eft l'expreffion de la *volonté générale;*

Les cultes religieux, au contraire, ayant varié chez tous les peuples, & excité des diffentimens, des difcordes, & des guerres civiles, parce qu'ils n'expriment que des *volontés privées;*

La Convention déclare qu'il n'y aura d'autre *culte public* que celui de la loi.

Tous les cultes religieux feront libres, mais privés, & ceux qui les exerceront feront tenus de fe conformer aux loix de la République.

V I I I.

La loi étant ce qu'il y a de plus refpectable fur la terre, fon culte fera célébré publiquement une fois la femaine, dans toutes les Écoles élémentaires par la lecture de la Déclaration des droits, par des inftructions & des chants civiques.

I X.

Il fera donné à chaque École élémentaire, aux frais de

.la nation , un local fain & convenable , qui fervira auffi
aux affemblées publiques de la commune & de la municipalité. Il y aura un jardin où les enfans recevront des
leçons d'agriculture & de gymnaftique.

X.

Il fera fait une *divifion morale* de la France , qui fera
auffi la divifion *politique* des affemblées élémentaires de
l'Affemblée nationale. Chacune de ces divifions aura un
temple élevé à la Liberté, avec un amphithéâtre circulaire
où l'on célébrera des fêtes nationales , & les événemens
mémorables & glorieux de la révolution.

Tous les profeffeurs de l'École centrale de département
fe rendront à ces fêtes nationales avec leurs élèves.

Cette divifion, l'ordre & les époques de ces fêtes feront
concertés par les trois comités réunis d'inftruction , de
conftitution. & des finances.

X I.

Le miniftre de l'intérieur mettra inceffamment fous les
yeux de la Convention , l'état des ci-devant châteaux des
émigrés , afin qu'elle détermine & affigne ceux qui pourront
être deftinés à la divifion dont eft parlé ci-deffus.

X I I.

L'indemnité des inftituteurs élémentaires fera de douze
cents livres par an ; & ils auront un logement dans les
bâtimens de l'école.

X I I I.

L'établiffement des Écoles élémentaires fera fait , dans
deux mois, avec la plus grande folemnité. Ce jour fera
un jour de fête.

X I V.

Pour imprimer à toutes les contrées de la République le même esprit de fraternité, donner à l'institution plus d'unité & de force, & applanir les obstacles qu'elle pourroit éprouver à sa naissance, la Convention députera des commissaires qui seront pris dans son sein.

X V.

Tous les enfans de la République devant recevoir la même éducation élémentaire, les pères & mères ou tuteurs dont les enfans ou pupilles n'iroient pas aux écoles pendant tout le temps prescrit par la loi, seront privés de leurs droits de citoyens, & imposés à une triple contribution.

X V I.

Il sera donné des récompenses à tous les citoyens qui donneront à la patrie des ouvrages élémentaires de morale & des sciences naturelles, lesquels auront été jugés conformes aux principes de la nouvelle éducation. Les noms de ces citoyens seront rappelés dans les fêtes nationales, comme des bienfaiteurs de l'humanité.

Je demande que cet honneur soit décerné dès-à-présent à J. J. Rousseau.